GUIDE DU VISITEUR ET DU PÈLERIN

A L'ÉGLISE DE

SAINT-ÉTIENNE DU MONT

PAR

L'ABBÉ J. PERDRAU

CURÉ DE LA PAROISSE

Prix : 50 centimes.

SE TROUVE A LA PORTE DE L'ÉGLISE

E.-L. DE SOYE ET FILS, IMPRIMEURS
5, PLACE DU PANTHÉON, 5

Ce Guide n'a aucune prétention archéologique. Indiquer aux nombreux visiteurs de notre église les principales beautés qu'elle renferme ; édifier les pèlerins plus nombreux encore, qui viennent y chercher le tombeau de sainte Geneviève, c'est tout mon désir. Je me suis également servi du savant Itinéraire archéologique de Paris, par M. de Guilhermy et de la Notice historique de la paroisse Saint-Etienne du Mont, composée par M. l'abbé Faudet, un de mes prédécesseurs, et M. de Mas-Latrie. On trouvera dans ces deux écrits tout ce que j'omets ici avec l'intention d'abréger.

GUIDE DU VISITEUR ET DU PÈLERIN

A L'ÉGLISE DE

SAINT-ÉTIENNE DU MONT

I

Histoire de l'Église Saint-Etienne du Mont.

Au commencement du sixième siècle, le roi Clovis, se trouvant à Paris, accomplit le vœu qu'il avait fait, lorsqu'il alla combattre Alaric, roi des Visigoths. A la prière de sainte Geneviève et de sainte Clotilde son épouse il construisit, sur le sommet de la montagne du palais des Thermes, une église qu'il dédia à saint Pierre et saint Paul. C'était une véritable basilique, dans laquelle le roi avait réuni tout ce que les arts produisaient alors de plus magnifique. Piganiol de la Force, dans sa Description de Paris, nous assure qu'elle fut consacrée par le grand saint Rémi de Reims et que, dès l'origine, des clercs réguliers y furent établis. Clovis y fut enterré en 511 : Sainte Geneviève, l'amie de Clotilde et si souvent le conseil de Clovis, l'y suivit en 512 : Sainte Clotilde en 543 (1).

La dévotion du peuple de Paris pour la vierge de Nanterre, changea bientôt le nom de l'église de Saint-Pierre et Saint-Paul en celui de Sainte-Geneviève. Les habitants de la cité

(1) De cet édifice vénérable, si cher à la foi de nos pères, il ne reste plus que la tour du collége Henri IV, qui s'élevait à l'angle méridional du chœur. Sur l'emplacement de la basilique on a bâti la façade nord du collége et on a ouvert la rue qui le sépare de Saint-Etienne. Cette rue a été nommée rue de Clovis, dernier souvenir de tant de gloires.

et des campagnes environnantes vinrent se grouper autour de la basilique : un quartier tout entier surgit sur le mont sacré ; de telle sorte que les moines, qui servaient l'église de Sainte-Geneviève, se virent obligés de désigner un des leurs, pour fournir aux besoins spirituels de cette nouvelle population.

Le service divin se faisait dans la crypte de Sainte-Geneviève, près du tombeau de la sainte. Cette chapelle, placée d'abord sous l'invocation de la sainte Vierge, prit ensuite le nom de *Saint-Jean du Mont*. Après de nombreux démêlés entre l'abbé de Sainte-Geneviève et l'évêque de Paris, on décida que l'abbé présenterait à l'évêque un moine de l'abbaye, à qui l'évêque donnerait la juridiction et le titre curial.

Au commencement du douzième siècle, la population de Saint-Jean du Mont s'était tellement augmentée, que les moines de Sainte-Geneviève pensèrent à construire une église séparée de la basilique. On la bâtit près de l'église et dans une telle dépendance, qu'elle communiquait intérieurement avec elle, sans avoir d'issue particulière à l'extérieur : on y entrait par le chœur de la basilique.

Ce fut à cette même époque que l'église changea une troisième fois de nom et s'appela l'église de *Saint-Etienne du Mont*. Tout porte à croire que ce fut pour conserver à la ville de Paris la protection du premier des martyrs, dont on venait de détruire l'église dans la cité pour édifier Notre-Dame. En effet, nous trouvons pour la première fois le nom de Saint-Etienne du Mont dans l'histoire de Guillaume le Breton, l'an 1221. Or, en 1218, Pierre de Nemours, évêque de Paris, poursuivant la construction de la cathédrale, commencée par Maurice de Sully, faisait démolir la vieille église de Saint-Etienne, sise en partie sur le plan actuel du Parvis et qui faisait obstacle à la façade de Notre-Dame. La statue colossale de saint Etienne, qu'on voit à l'angle septentrional de la façade, rappelle encore cette vieille église du chef des martyrs.

La première église de Saint-Etienne du Mont dura trois cents ans. Elle était trop petite pour une population toujours croissante. En 1517 on résolut d'en bâtir une autre plus digne et plus grande. C'est celle que nous voyons aujourd'hui.

Les travaux s'ouvrirent, selon la coutume du temps, par la construction de l'abside qui fut religieusement orientée. L'abbé Philippe le Bel achevait le chœur en 1535. En 1538 on mettait la dernière main au côté méridional de la nef. En 1541 l'évêque de Mégare bénissait les autels, au nom de l'évêque de Paris. Durant toute la fin du seizième siècle on achevait la nef et les bas-côtés. En 1600 on commençait le jubé. En 1610 la reine Marguerite de Valois, première femme d'Henri IV, insigne bienfaitrice de Saint-Etienne du Mont, posait la première pierre du grand portail. En 1624 les travaux étaient terminés : ils avaient duré un siècle.

La consécration solennelle de l'église fut faite par Jean François de Gondy, archevêque de Paris, le 25 février 1626. Une plaque de marbre noir relate la cérémonie. Elle est placée sous la grosse tour, au collatéral nord de l'église. Une seconde inscription de moindre dimension, placée sous la première, a conservé le souvenir d'un événement étrange, qui s'est passé ce même jour. On lit :

« Et, pendant les cérimonies de la dédicace, devs filles de « la paroisse tombèrent dv havlt des galleries du cœvr, « avec l'appvy et devs des ballvstres, qui lvrent miracvleu- « sement préservées, comme les assistants; ne s'étant ren- « contré personne sovbs les rvines, vev l'affluence dv pevple « qvi assistaient avs dites cérimonies. »

II

Visite de l'Eglise de Saint-Etienne du Mont.

L'Eglise de Saint-Étienne du Mont est certainement une des plus belles églises de Paris : elle à son nom parmi les églises les plus remarquables de France.

Construite dans des temps de transition, elle a gardé les formes sveltes et élancées du style ogival, tout en essayant des lignes grecques, avec un discernement plein de goût et d'audace. Elle sait manquer aux traditions de l'art, pour suivre son caprice, sans pour cela compromettre l'harmonie de son ensemble. Elle prend ce qui charme, partout où elle le rencontre, elle le met à sa place du moment qu'elle s'en empare. Moins grandiose que l'église de Saint-Eustache, commencée au moment où se finissait le portail, elle est aussi originale, avec plus de mouvement et d'élégance. C'est un chef-d'œuvre de grâce.

Façade extérieure. — Visitons d'abord la façade extérieure de l'église. Pour en bien juger il faut s'éloigner d'une vingtaine de pas sur la place du Carré-Sainte-Geneviève qui précède l'Eglise. Saint-Etienne apparait alors comme un reliquaire chargé de fleurs et de clochetons. L'œil monte aisément d'aiguille en aiguille jusqu'à la croix qui domine la grosse tour. Les fenêtres geminées, les frontons, les rosaces, l'aigu des voûtes, la lanterne de l'horloge, tout a sa place et sa proportion. Si on approche de plus près, on sera plus à même d'apprécier le fini des détails. « Au premier ordre, dit M. de Guilhermy, quatre colonnes composites soutiennent un fronton triangulaire. Les fûts sont cannelés et coupés de distance en distance par des banderolles chargées de rosaces et de palmettes : la facture des chapiteaux est excellente. Les guirlandes qui accompagnent les colonnes, les rinceaux des frises et des encadrements, les modillons et rosaces du fronton sont remarquables par l'ampleur du style et l'achevé du travail. Dans la région supérieure de la façade, une rose à compartiments s'inscrit sous un fronton demi-circulaire. Une seconde rose est percée dans le pignon, dont la décoration comprend de très-riches pilastres. Deux petites portes et des fenêtres à meneaux s'ouvrent dans les parties latérales. » A l'angle septentrional, une tourelle indiquait l'extrémité du monastère de Sainte-Geneviève, tout en consignant sur la façade de la fille-église, la juridiction du père abbé.

Au-dessus de la grande porte, on lit : *Lapis templum Domini destruit, lapis astruit. La pierre détruit le temple de Dieu, la pierre l'élève* : la lapidation de Saint-Étienne qui surmonte l'inscription, en donne le sens. A droite et à gauche sont les statues de sainte Geneviève et de saint Étienne, patrons de l'église ; plus haut des anges allument des flambeaux sous les monogrammes des saints. Au fronton du milieu, Jésus apparaît ressuscité : sous le linteau on lit : *Stephano archimartyro Sacrum. Temple à saint Étienne, chef des martyrs.* Deux anges soutiennent au-dessus de la grande rosace, les armes de Marguerite de Valois, qui fit construire le portail. Enfin, au sommet, on voit les statues de saint Hilaire et de saint Benoit, patrons des deux églises, situées jadis sur la paroisse, aujourd'hui détruites.

La tour, où sont les cloches, est d'une légèreté remarquable ; la tourelle de l'escalier, les gargouilles, la lanterne de la plate-forme, font de ce morceau un objet d'art.

Intérieur de l'église. — Nous entrons dans l'église et nous nous plaçons sous l'orgue, au milieu de la balustrade qui enferme la nef.

L'intérieur de l'église (je n'avertirai plus quand je ferai parler M. de Guilhermy) n'est pas moins singulier que le dehors. Les voûtes s'élèvent à une grande hauteur : celles des bas-côtés ne sont pas de beaucoup inférieures à celle du milieu. Toutes reposent sur de grands piliers d'environ cinq pieds de diamètre. Pour affermir ces colonnes et pour atténuer en même temps l'élévation des baies latérales, l'architecte a imaginé un procédé aussi ingénieux que hardi. Au tiers de la hauteur des colonnes, il a jeté un arc surbaissé, qui va d'un pilier à l'autre, et qui n'a pas plus de deux pieds d'épaisseur ; cet arc est bordé de deux rangs de colonnes. Ce passage aérien s'arrête au transept pour dessiner les bras de la croix ; il reprend avec le chœur et tourne l'abside y répétant les ogives supérieures. A la rencontre de chaque colonne, une tourelle en cul-de-lampe offre un passage circulaire. Ces *tournées*, comme les appellent nos vieux livres, et le *jubé* donnent à Saint-

Étienne son cachet d'originalité, qui est unique. On retrouvera dans quelques églises du moyen-âge cette ligne de pierres enlaçant les colonnes; d'autres églises ont encore un jubé ; mais le mélange préconçu de ces dispositions inusitées ne se voit qu'ici. A Saint Étienne, le jubé tout entier ne semble qu'un ruban de pierres destiné à réunir les tournées du chœur, tandis que celles-ci permettent au jubé de monter jusqu'à leurs assises, par des festons et des guirlandes, qui en rehaussent l'ornementation. La pensée de l'architecte est là dans toute sa fraîcheur : il l'a conçue; il a essayé; il a réussi au-delà de toute espérance.

Il y a cinq travées à la nef, trois au chœur, cinq au pourtour de l'abside. Les chapelles latérales se succèdent dans toute l'étendue de l'édifice, même sous les croisillons, ce qui se voit très-rarement. On en compte vingt-deux. La clef des voûtes est un travail parfait. A la nef, on retrouve les insignes de saint Étienne et les armes de l'abbaye. Dans le chœur, les armes des abbés qui bâtissaient l'église. Ce qui doit surtout attirer l'attention des visiteurs c'est la clef centrale du transept : elle n'a pas moins de dix-huit pieds de *retombée*. Des anges se jouent, assis dans les rinceaux ; les quatre évangélistes, représentés par les animaux d'Ézéchiel, occupent l'entre-deux des nervures : un agneau, portant le labarum, et entouré d'épines, termine la grande clef qui semble s'incliner vers le Jubé, pour y déposer de plus près une couronne d'or.

Le Jubé. — On a tellement vanté le jubé de Saint-Étienne du Mont, qu'il est presque inutile de le décrire. Il est l'œuvre de Biart le père, sculpteur renommé du dix-septième siècle. Tout le monde sait, qu'à la messe solennelle, après le graduel, le diacre va chercher la bénédiction du prêtre et lui demande de chanter dignement le saint évangile, en lui disant : *Jube Domne benedicere.* Le premier mot de cette prière : *Jubé,* est devenu le nom de l'endroit élevé d'où l'évangile se chante. Le jubé de Saint-Etienne est le plus beau de tous ceux qui ont échappé au marteau du dix-septième siècle. Un arc unique arrête d'une même ligne le milieu du chœur. Des escaliers en spirale montent jusqu'aux tournées supérieures. C'est à peine s'ils s'appuient sur de sveltes colonnettes chargées de lierre. En s'élevant, ils laissent au-dessous d'eux des plis égaux pleins de grâce: une dentelle de pierre les suit en leur ascension, et se développe tout le long de la galerie centrale. Des anges, des palmes, des entrelacs, des guirlandes, que le fameux architecte Gabriel ne dédaignait pas de copier sous Louis XVI, des modillons, des encorbellements, des cassolettes allumées, de larges écussons donnent de la vie aux moindres pleins qu'ils recouvrent. Deux magnifiques portes prolongent le jubé dans toute la largeur de l'église : cette partie de l'œuvre n'est pas la moins remarquable. A côté des portes se lisent ces inscriptions ; sur celle de droite : *Ascende qui evangelizas Sion. Audiam quid loquatur Dominus meus. Monte, toi qui évangélises Sion. J'écouterai ce que dira le Seigneur mon Dieu.* Sur la porte de gauche : *quam dulcia faucibus meis eloquia tua. Levavi manus meas ad mandata tua. Que vos paroles sont douces à mes lèvres. J'ai levé mes mains vers vos commandements.* Il faut lire ces paroles du psaume pour comprendre l'attitude de ces deux jeunes hommes magistralement assis sur les frontons des portes. Ils écoutent l'évangile que l'on chante ; leur figure rayonne de joie et de bonheur.

La Chaire.—Même après le jubé, la chaire de Saint-Etienne se fait grandement admirer : je n'ai rien vu en Belgique de plus achevé. Elle fut dessinée par Laurent de la Hyre, et sculptée par Claude Lestocart. C'est le développement du mystère de la parole de Dieu. Samson assis sur un lion qu'il a dompté, une mâchoire d'âne à la main, soutient la chaire, et, comme dit Sauval, *il la porte bien.* Sur le manteau de l'escalier et le pourtour, des médaillons représentent les Evangélistes, et parmi les Docteurs, saint Jérôme et saint Augustin. Des panneaux rappellent dans des bas-reliefs les scènes de la vie de saint Etienne qui ont trait à sa prédication. En saillie libre, les Vertus théologales s'alternent avec les Vertus cardinales : la parole de Dieu les fait naître et croître dans nos cœurs. En commençant du côté du jubé, la Prudence se reconnaît à son miroir et à son serpent ; la Justice à son glaive ; la Foi à une croix et à un cœur : sur le devant de la chaire, l'Espérance s'appuie sur un ancre ; la Tempérance verse de l'eau d'une amphore ; en tournant vers l'escalier, la Force manie une massue, la Charité est entourée d'enfants. Chacune de ces statuettes est un chef-d'œuvre. En arrière du prédicateur, Jésus la parole de Dieu, tient le monde et bénit celui qui évangélise en son nom ; sur sa tête, le Saint-Esprit étend ses ailes. Aux bords contournés de l'abat-voix, des anges se jouent avec des couronnes, et sur le dessus un ange majeur, une trompette à la main droite, le livre de l'Evangile à la gauche, répète le Verbe de Dieu jusqu'aux extrémités de l'univers : *in omnem terram exivit sonus eorum.*

Les Orgues. — Les orgues de Saint-Etienne passaient pour les plus belles de Paris : elles tiennent encore un rang distingué parmi leurs sœurs. Les sculptures ne sont pas inférieures à celles de la chaire. Saint Etienne lapidé, sainte Geneviève et ses moutons ; le Concert des vieillards de l'Apocalypse, celui des femmes juives conduites par Marie, sœur d'Aaron à travers la mer Rouge, occupent les panneaux principaux. Deux belles cariatides soutiennent les deux angles du grand buffet. Tout au sommet Jésus-Christ ressuscité reprend, avec ses anges, les chemins du ciel.

Avant de quitter le bas de la nef, on ne peut ne pas remarquer l'inclinaison de l'église en son axe principal. Le chœur et l'autel penchent fortement vers la droite. Il est bien difficile de ne voir en cette irrégularité qu'une disposition primitive du terrain. Pour nous qui l'avons souvent remarquée dans d'autres églises ogivales, nous croyons simplement à un parti pris par l'architecte dans une pensée mystique. D'après la doctrine catholique l'église de pierre représente le Christ. La nef est son corps, c'est la place des fidèles ; le transept, les bras ; le chœur, la tête : et, il est écrit de

Jésus sur la croix : *il pencha la tête et rendit l'âme, et inclinato capite tradidit spiritum* (1).

Chapelles latérales. — Nous pouvons maintenant commencer la visite des chapelles latérales. La première à droite est celle des fonts baptismaux, elle n'a de remarquable que le Christ en croix de la verrière, il est ancien et fort estimé.

A la troisième chapelle le tableau de l'autel est de l'école de Le Sueur, il représente la Mort de la Vierge. Dans cette chapelle se trouvent de longues listes des noms des personnages célèbres qui avaient été inhumés soit ici, soit dans les chapelles et églises sises autrefois sur la paroisse. Pour ne parler que de Saint-Etienne du Mont, on lit les noms de Le Sueur, de Pascal, de Racine, dont nous parlerons tout à l'heure ; à la suite, ceux de Vigenère, secrétaire d'Henry III (1598). Le chirurgien Thognet (1642). Jean Benigne Winslow, célèbre anatomiste, converti au catholicisme par Bossuet (1760). Antoine Lemaistre et Lemaistre de Sacy, transportés ici de Port-Royal en 1710. Le botaniste de Tournefort (1708) et l'excellent Rollin, recteur de l'Université, décédé en 1741 dans la rue Neuve de Saint-Etienne du Mont (aujourd'hui rue Rollin), qui avait vu mourir Pascal.

A la chapelle supérieure se trouve un superbe vitrail (1568). Il est de Pinaigrier. C'est la Parabole des conviés. A gauche ceux qui ne veulent pas venir aux noces : l'un essaie ses bœufs, l'autre se marie, l'autre visite sa maison des champs. Le Père éternel, sous un magnifique dais, distribue aux conviés le corps et le sang de Jésus-Christ, le véritable époux de ces

(1) Beaucoup d'étrangers demandent à quelle place Mgr Sibour fu assassiné. C'est précisément au bas de la nef, au milieu du passage, vers le second rang des chaises. C'était la neuvaine de sainte Geneviève, le 3 janvier 1857. La procession avait fait le tour de l'église, elle rentrait dans la nef. Le Prélat fut assailli par l'assassin au moment où il commençait à remonter vers le Jubé. Transporté dans le salon du presbytère, il y mourut après avoir donné un dernier signe de vie.

noces. On lit au bas : *multi vocati, pauci electi,* avec les armes de la donatrice, la présidente de Viole : elle avait dépensé, pour le tout, 92 livres 10 sols.

Le sépulcre qu'on voit dans la chapelle suivante provient de l'église de Saint-Benoît. Les figures sont originales et naïves. Le Christ mort, la Vierge et saint Jean sont d'une grande et sainte expression. Le vitrail, qui fait fond n'est ancien que dans sa partie haute. Il est d'un maître qui avait étudié la Dispute du Saint-Sacrement de Raphaël. Le Christ dans sa gloire est assis, ayant à sa droite sa mère, saint Pierre et David ; à sa gauche, saint Jean, Elie et Moïse. Le Père éternel reçoit au haut du ciel le regard bien-aimé de son Fils et des anges chantent à l'entour. A droite de la chapelle, un tableau, signé Jouvenet, représente, je crois, saint Pierre guérissant les malades.

On entre ensuite dans la chapelle du Sacré-Cœur. Là, sont deux tableaux tout à fait remarquables. Celui de l'autel est évidemment de l'école de Le Brun. Qui pourrait en douter, quand on a vu son Christ aux anges, et le beau dessein de la messe qu'il composa à la prière de M. Olier? On retrouve les mêmes figures, les mêmes poses, la même manière de faire, et de grouper. Les neuf chœurs des anges sont superposés les uns aux autres au-dessous du Sacré-Cœur. Saint Michel présente la couronne de France, et son drapeau; protecteur de l'Eglise universelle, il a à ses pieds la tiare des pontifes et la couronne des rois. Saint Gabriel dit encore *Ave Maria* et saint Raphaël présente une urne qui contient le Médicament divin : cette ligne est admirable. Le tableau qui fait face, représente le Jugement dernier, il est de 1605. A gauche est le donataire; c'est un Génovéfain; il n'a pas de crosse, c'est peut-être un curé de Saint-Etienne, le frère Bernard Bourguignon, d'après la date. De sa bouche s'échappent ces paroles : *tribularer si nescirem misericordias tuas.* Des armes sont à côté de lui avec cette exergue : *trahit omnes timor.* De qui est ce tableau? c'est de l'école de Michel-Ange et de Jean Cousin : le pinceau est large, la couleur vive, le dessin énergique. Il y a un mouvement extraordinaire, et ces poses anatomiques si marquées en cette école. Les troupes des élus sont bien belles.

Dans la chapelle qui touche au Jubé, on voit à l'autel, Charles Borromée, qui distribue de l'argent aux pauvres. La toile est de Quentin Varin. C'est rare et précieux. Varin fut le maitre du Poussin. Si l'élève surpassa son maitre, on voit du moins qu'il en avait reçu d'excellentes leçons et qu'il les avait fidèlement suivies.

Franchissant le jubé, nous nous trouvons dans la chapelle Saint-Bernard. A l'entrée, on lit les épitaphes de Racine et de Pascal : celle de Racine a été composée par Boileau, son ami intime. Le corps de Racine fut transporté à Saint-Etienne en 1710, il était à Port-Royal ; on le plaça près de celui de Pascal qui se trouve, dit Piganiol de la Force, derrière le chœur auprès de la chapelle de la Sainte-Vierge, à main droite. L'illustre Eustache Le Sueur, le Raphaël français, mort en 1655, avait également été inhumé à Saint-Etienne. Ce n'était pas sa paroisse, mais c'était celle de sa femme, qu'il aimait tendrement ; ils y avaient été mariés. Le grand tableau de la chapelle Saint-Bernard a été donné à l'église comme étant de Philippe de Champagne. C'est la Tombée de la manne au désert : cet enfant qui mange à la dérobée la manne qu'il a ramassée est d'une expression charmante. Au-dessus de la chapelle et à côté on voit trois grands tableaux. Un qui représente le Martyre de saint Etienne : il est d'Abel de Pujol. Les deux autres représentent Messieurs de l'Hôtel de Ville venant implorer les prières de sainte Geneviève dans la disette de 1725 et dans l'hiver de 1710. Ce dernier est de Largillière ; le premier de Le Troy fils, tous deux signés et datés. Piganiol de la Force, nous dit qu'il a vu ces tableaux dans la basilique de Sainte-Geneviève, celui de Largillière à gauche dans la nef, celui de Le Troy fils, à droite. Ils ont été donnés par le cardinal Fesch, à Saint-Etienne en avril 1811, comme il appert des registres de la Fabrique. Ce sont des toiles d'un grand prix et d'une grande valeur artistique, surtout celle de Largillière, qui avoisine le vitrail de Sainte-Geneviève.

Dans la troisième partie, je décrirai la chapelle de Sainte-Geneviève en parlant du tombeau page 23.

La chapelle de la Sainte-Vierge ne peut guère nous arrêter, elle est de 1661, mais elle a été fort aggrandie depuis cette époque et, selon nous, bien détériorée. Les peintures sont signées Caminade : l'Adoration des Bergers, la Mort de la sainte Vierge. La statue de marbre, représentant la sainte Vierge, tenant l'enfant Jésus, a de la piété et de la grâce.

Aux deux côtés de la chapelle sont deux jolies colonnes qui proviennent de la basilique, elles sont aux armes de l'abbaye.

La troisième chapelle, en descendant, renferme un portrait de saint Vincent de Paul, peint par Sébastien Bourdon ; il est du temps et doit être d'une grande ressemblance.

Puis vient la chapelle des martyrs du mont Ararat, les Dix mille chevaliers du Christ. Elle sert aujourd'hui à la Confrérie de prières, pour les âmes du Purgatoire. Ces peintures murales sont anciennes et curieuses : elles ont été habilement réparées.

Le reste des chapelles, jusqu'à la grosse tour, n'offre qu'un interêt très-secondaire.

Ne quittons pas l'abside sans jeter un coup d'œil sur le maitre-autel, dont les marbres sont précieux, surtout celui du tabernacle qui est en rouge de Sicile. Derrière le maître-autel, on lit une inscription à la mémoire de Mgr de Voisins, curé de Saint-Etienne du Mont, mort évêque de Saint-Flour. C'est lui, qui au sortir de la Révolution, rétablit le culte à Saint-Etienne : il fut le père, la Providence de cette église ; son nom sera répété avec vénération par tous ceux qui connaissent l'histoire de notre église. Son cœur repose à l'ombre de l'autel qu'il a tant aimé.

Les Vitraux de l'église. — C'est parmi les vitraux des collatéraux du chœur que se trouvent les plus beaux de l'église. En traversant les deux premiers qui sont au-dessus de la chapelle de Sainte-Geneviève et qui en redisent la vie, nous nous trouvons en face du vitrail de saint Etienne. C'est au soleil levant qu'il apparait en tout son éclat. En haut, l'élection de saint Etienne ; son ordination ; ses prédications ; son jugement. Plus bas, la sortie de Jérusalem au moment de sa lapidation ; le martyre ; les animaux féroces gardent le corps ; le convoi ; l'entrée au ciel : ces dernières scènes abondent en précieux détails. (On croit que ce vitrail est d'Enguerrand le Prince.)

Le dessus de la chapelle de la Sainte-Vierge est de M. Filon (1869). L'Annonciation ; la Vierge au pied de la croix ; la naissance de Jésus-Christ.

Le vitrail qui fait pendant à celui de saint Etienne est grandement traité. Quel beau ciel ! Quelle belle Trinité ! Les anges forment à l'entour un arc-en-ciel à la façon de Fiezole. Des anges inférieurs unissent les voix du ciel à celles de la terre. Des deux côtés de la colonne angélique sont dessinés le baptême de Jésus et sa transfiguration. Au bas, c'est encore le martyre de saint Etienne avec le donataire, à gauche, couvert d'une magnifique chape.

Cette heureuse disposition a été imitée par M. Filon dans le vitrail qui touche à celui-ci. M. Filon a donné à son œuvre ces deux mots d'exergue : *Peccatum et Redemptio.* Le Péché est représenté par la confusion de nos parents au Paradis terrestre. La Rédemption, par la montée de Jésus au Calvaire. En-dessous, Noël ; le Massacre des Innocents ; la Fuite en Egypte retracent les origines de notre salut. Cette composition fait le plus grand honneur à son auteur. Elle est pleine de foi et de grandeur.

Au-dessus de la chapelle de Saint-Vincent de Paul est le vitrail dit de la Vierge. Il est ancien, et de grande valeur. En première ligne Joachim ; Joachim et sainte Anne ; la Naissance de Marie ; sa Présentation ; son mariage. A la seconde ligne, l'Annonciation ; Noël ; l'Adoration des Mages ; la Mort de Marie ; au milieu, son Assomption. Dans le haut, la Vierge est couronnée au ciel, tandis que les anges font entendre leur mélodie. Ce vitrail est d'Enguerrand le Prince.

C'est le même verrier qui a composé le vitrail de saint Claude qui fait suite. Il est curieux, surtout, pour les détails du temps qu'il représente. La Confrérie de Saint-Claude, établie sur la paroisse, l'avait fait faire. La naissance du saint; son baptême, si naïvement redit; son entrée en religion; son sacre forment le bas. Plus haut, des miracles et la mort. Plus haut encore, la châsse du saint, près de laquelle les pauvres récitent des prières.

Le vitrail de la Pentecôte touche au jubé. Il est d'un effet merveilleux. Le Cénacle, les Apôtres, le mouvement des poses et des figures, tout frappe : c'est enlevé. Le nom du verrier est Claude Henriet.

En descendant vers la grosse tour, au troisième collatéral, on trouve le vitrail de l'Apocalypse. C'est le plus célèbre : mais les obus de la Commune l'ont si fort endommagé, qu'on peut à peine le comprendre. L'Agneau ouvre le livre devant le trône. Les vieillards adorent, les anges versent sur la terre et dans le puits de l'abîme, les fioles de la colère de Dieu; tandis que les rois et les peuples adorent la bête. La famille des donateurs tient toute la partie basse. C'est un marguillier de Saint-Etienne, un riche marchand de vin, du nom de Le Juge, probablement un des vingt-et-un marchands de vin jurés de Paris, qui en fit don en 1614.

Bien qu'il soit difficile de voir les verrières qui sont dans les hautes fenêtres, il faut au moins les nommer. Elles représentent à peu près toutes des scènes de la vie ressuscitée de Jésus-Christ. Les cinq de l'abside sont les plus anciennes, on les attribue à Claude Henriet. A gauche, en regardant le maître-autel, les disciples d'Emmaüs; Jésus apparaissant à Madeleine. Dominant le maître-autel, Jésus-Christ apparaissant à sa mère; à droite, Jésus-Christ apparaissant à saint Pierre une première fois; enfin aux deux apôtres Pierre et Jean. Dans les croisillons, toujours dans le même sens à gauche, les litanies de la Vierge (ancien), près de l'arbre de Jessé; à droite, la résurrection; des saints et des donateurs. Dans la nef, à gauche, le couronnement de la Vierge, la résurrection, le crucifiement; à droite, les saintes femmes au tombeau, les disciples d'Emmaüs, l'incrédulité de saint Thomas; une très-belle ascension.

Les Vitraux de la Chapelle des Catéchismes. — Dans la chapelle des Catéchismes, au haut de la galerie qui mène à la Sacristie et à gauche, on a réuni quelques fort beaux vitraux qui se trouvaient anciennement épars dans les fenêtres de l'église. En voici la nomenclature sommaire.

Comme observation générale, il est à remarquer que ces vitraux se rapportent presque tous à la sainte Eucharistie. C'est comme l'histoire de l'auguste sacrement. Les figures qui l'annoncent; son institution; les dispositions qu'il demande de ceux qui le reçoivent; sa propagation dans l'Eglise catholique; les adorations qu'il reçoit des anges et des hommes; la guerre que lui ont fait les ennemis de Dieu, tout est consigné dans ces admirables tableaux.

1re arcade (à gauche en entrant). Le miracle de la rue des Billettes représente l'histoire du Juif qui en 1291 perça de coups de poignard une hostie consacrée où Notre-Seigneur apparut tout sanglant; en haut l'ange extermine les premiers-nés de l'Égypte.

2e arcade. En haut l'arche, la figure de l'Eglise; en bas l'Eglise elle-même figurée par un vaisseau qui fend les flots. Jésus-Christ est le pilote, les fidèles de diverses conditions forment le gros des passagers; le Saint-Esprit souffle aux voiles, tandis que les démons soulèvent la tempête.

3e arcade. La multiplication des pains au désert; au-dessous les disciples d'Emmaüs et sur la route et à table.

4e arcade. Le serpent d'airain. On attribue ce vitrail à Jean Cousin. Le Vieïl, en son histoire de la peinture sur verre, estime beaucoup cette composition. En bas, deux scènes très-animées. David tuant Goliath et le mauvais riche de l'Évangile.

5e arcade. En haut, Jésus-Christ institue la sainte Eucharistie; en bas elle est distribuée aux fidèles.

6e arcade. Les prêtres du temple se lavent avant de servir au temple; au-dessous Jésus lave les pieds à ses apôtres, plus à droite, en haut la synagogue, en-dessous une église chrétienne des premiers siècles.

7e arcade. Le sacrifice d'Élie. Ce vitrail est d'une fraîcheur remarquable et d'une beauté finie.

8e arcade. En haut, la manne tombe sur un magnifique ostensoir qui en dit la réalité. Tout autour des anges, à grand caractère, adorent l'hostie consacrée et l'encensent; et, comme une couronne, les principales figures de l'Eucharistie : la Renaissance a laissé peu d'œuvres plus achevées.

9e arcade. La manne du désert, et autour des fragments très-fins, mais mutilés, de la Parabole des conviés.

10e arcade, le plus remarquable de nos vitraux. Au centre, Jésus-Christ sous les yeux de son Père est étendu sous un pressoir ; le sang coule à flots de ses blessures et est recueilli dans un bassin à gauche; les patriarches et les juifs travaillent dès le matin à la vigne : les apôtres venus à leur suite, commencent la vendange, ils apportent le raisin à saint Pierre qui le presse dans une grande cuve ; au bas, les docteurs de l'Église et les princes de la terre le mettent dans des tonneaux. Un ange conduit les quatre Évangélistes, figurés par les animaux d'Ézéchiel ; il amène ce vin mystérieux à un temple superbe, où les fidèles le reçoivent ; les uns se confessent pour devenir purs, les purs entourent l'autel. Cette composition magnifique est de Pinaigrier. Jean le Juge, qui avait déjà donné le vitrail de l'Apocalypse, donna encore celui-ci. On comprend qu'un marchand de vin ait aimé à écrire, en si beaux caractères, le symbolisme chrétien du fruit de la vigne.

11e arcade. Au haut les juifs mangent rapidement et un bâton à la main, l'agneau pascal que Notre-Seigneur Jésus-Christ réalise en instituant la sainte Eucharistie. A droite, l'ange exterminateur, et en-dessous l'Eucharistie sur un riche ciborium.

12e arcade. Abraham recoit les anges du ciel ; il en voit trois et adore un seul. Il les invite à manger : on tue le veau gras, Isaac fait le pain. A droite une scène charmante raconte l'histoire des anges et de Sodome.

III

Histoire du Tombeau de sainte Geneviève et du Pèlerinage.

Sainte Geneviève était morte en 512. Elle avait été inhumée dans la crypte de la basilique de Saint-Pierre et Saint-Paul, qui bientôt s'était appelée église Sainte-Geneviève.

Cette crypte, devenue la paroisse de la Montagne, doit être regardée, nous l'avons dit, comme le berceau de l'église de Saint-Etienne du Mont. Une Providence singulière a permis que le futur curé de Saint-Etienne du Mont eût, jusqu'en 1221, dans l'église même de Sainte-Geneviève, la garde de ce même tombeau qu'il devait plus tard, par les mains d'un de ses successeurs, soustraire au marteau révolutionnaire de 93.

Plusieurs ont cru que le corps de la sainte avait été levé dès l'an 635. Ce n'est pas l'avis de l'abbé Lebeuf, dans son Histoire de Paris. D'après sa pensée, en cette année 635, saint Eloi n'étant encore qu'orfèvre, sans toucher aux reliques de la sainte, qui s'était rendue célèbre, dès ce temps-là, par de nombreux miracles, se contenta de recouvrir le tombeau d'un édicule de bois, qu'il orna de rinceaux d'or et d'argent.

Toujours est-il qu'au neuvième siècle, les moines de Sainte-Geneviève, menacés par les incursions des Normands, prirent la résolution de transporter les restes de leur patronne dans les terres plus éloignées de l'abbaye. A cette époque, au plus tard, on tira les reliques du tombeau et on les renferma dans une caisse de bois, qui suivit les religieux dans leur fuite. Ils avaient agi prudemment. Les Normands ravagèrent les alentours de la cité ; ils profanèrent la basilique, la brûlèrent, n'en laissant plus que les gros murs.

Lorsque la paix fut assurée, on releva l'abbaye, on répara

la crypte dont la voûte avait été calcinée par le feu des barbares; on exhaussa de terre le tombeau de sainte Geneviève et ceux des autres personnes mortes en odeur de sainteté et qui avait été également inhumées dans la chapelle basse : entre autres les sépulcres de saint Prudence et de saint Céran, évêque de Paris : mais les reliques de sainte Geneviève ne furent plus remises dans leur tombeau, on les laissa dans le coffre qui avait servi à leur translation. Il se changea bientôt en une véritable châsse, tant on le surchargea d'ornements. Cette châsse première avait déjà été portée en diverses processions avant l'année 1131, selon le témoignage de l'historien du miracle des Ardents, arrivé cette année-là.

Bien que les reliques de sainte Geneviève eussent été distraites de ce tombeau, il était toujours demeuré un objet de culte et de vénération comme une foule de cénotaphes des saints. Nous voyons, en effet, dès les premiers siècles de l'Eglise, les fidèles recueillir comme des reliques, la poussière qui recouvrait le sépulcre des saints; les linges qui touchaient ces pierres devenaient, pour nos pères dans la foi, des objets sacrés, un signe de perpétuelle bénédiction. Des documents anciens nous montrent la crypte de Sainte-Geneviève illuminée par les cierges et les lampes que les fidèles allumaient devant le tombeau de la Sainte. Après avoir vénéré ses reliques déposées dans la basilique et au-dessus et en arrière du maître-autel, ils descendaient dans la crypte prier encore devant la pierre, qui pendant tant d'années, les avait portées.

Lorsque le cardinal de La Rochefoucauld fit dans la basilique de grandes réparations (1628), il n'oublia pas la crypte. Il la fit revêtir de marbres et de jaspe. M. Lenoir, dans sa statistique de Paris, nous en donne le plan exact. Au milieu de la crypte se trouvait le saint tombeau, entre quatre colonnes, et dominant le sol de deux marches. L'ancien cercueil était renfermé dans un cénotaphe de marbre peu élevé et de forme allongée, orné de moulures en haut et en bas.

Une grille de fer l'entourait. Les tombes de saint Prudence et de saint Céran l'accompagnaient à droite et à gauche : elles étaient également revêtues de marbres précieux. Deux escaliers parallèles faisaient communiquer la basilique et la crypte.

Cet état de choses dura jusqu'à la révolution de 1789. En quelques années la gloire de l'église Sainte-Geneviève fut anéantie. L'abolition des ordres religieux, la dispersion des moines ; la châsse de sainte Geneviève fondue à la monnaie, ses os brûlés en place de Grève : l'église dévastée firent successivement du temple vénéré un lieu de désolation et d'abomination. On avait arraché la grille du tombeau, et ses revêtements de marbre. La pierre sainte se trouva cachée sous un monceau de décombres : c'est peut-être ce qui la déroba au marteau impie des nouveaux barbares de 93.

Cependant l'orage se calmait : les églises se rouvraient et en juin 1802, M. Amable de Voisins reprenait possession de Saint-Etienne du Mont. Ce vénérable prêtre ne put voir sans gémir la basilique de Sainte-Geneviève tomber en ruines et le sépulcre de la Sainte exposé à une destruction prochaine. Il s'en ouvrit à M. l'abbé Rousselet, dernier abbé de Sainte-Geneviève, qui avait échappé à la tourmente révolutionnaire. Ce religieux avait montré un grand courage et n'avait jamais voulu prêter le serment impie de la constitution civile du clergé. M. l'abbé Rousselet, ainsi que les anciens Génovéfains, dont plusieurs avaient été nommés vicaires à Saint-Etienne du Mont ou dans les environs, accueillirent avec empressement le désir qu'avait M. de Voisins de transporter à Saint-Etienne la pierre sainte du tombeau de sainte Geneviève. M. de Voisins en informa l'archevêché : M. l'abbé de Malaret, vicaire général du cardinal de Belloy, archevêque de Paris, vint en compagnie du curé de Saint-Etienne et de plusieurs autres témoins constater l'existence et l'authenticité de la pierre tombale (8 novembre 1803). Six semaines après, M. l'abbé Rousselet, en confirmant le précédent procès-verbal, signait avec six des vieux Génovéfains, un certificat assurant que cette même pierre du tombeau de sainte Geneviève était bien celle qui était jadis vénérée dans la crypte et cela dès l'origine (15 décembre 1803), enfin une ordonnance de Mgr de Belloy, datée du 20 décembre, visant ces deux pièces, autorisait la translation du tombeau dans l'église de Saint-Etienne ; et aussi dans cette église, la célébration des fêtes et du culte de sainte Geneviève, suivant les rites et cérémonies en usage dans l'ancienne abbaye.

Ainsi fut sauvé ce saint tombeau. Il était bien temps. La basilique s'écroulait par parties ; en 1807 on la démolissait entièrement et on ouvrait à la place la rue Clovis. Sans le zèle de M. de Voisins le tombeau de sainte Geneviève eût été enlevé comme tout le reste et ses pierres auraient servi, avec les ruines de l'édifice, à la construction des bâtiments d'alentour.

De ce jour-là, le tombeau de sainte Geneviève est gardé comme le trésor de Saint-Etienne du Mont. Depuis plus de soixante-dix ans il y est l'objet de la vénération du clergé et des fidèles. Chaque jour les pèlerins de tous pays y viennent prier. On y brûle des cierges, on y apporte des *ex-voto* de tout genre, on y fait toucher du linge pour les malades, des chapelets, des médailles, toute sorte d'objets religieux. Les grâces que sainte Geneviève obtient à ceux qui l'invoquent entretiennent dans le peuple de Paris la foi en sa puissante intercession. Sainte Geneviève est demeurée la patronne de Paris et de la France.

C'est surtout pendant la neuvaine qui suit la fête de sainte Geneviève (du 3 janvier qui est l'ouverture, jusqu'au 11 le jour de la clôture), que les foules affluent dans notre église. On peut évaluer au moins à cent mille le nombre des personnes qui veulent passer en ces jours-là près du saint cénotaphe. Les habitants de la banlieue, les paroisses de Paris y viennent successivement aux offices de 9 heures et 11 heures du matin et le soir à l'office de 3 heures. De l'ouverture à la fermeture de l'Eglise, une ligne de pèlerins toujours pressés, toujours renouvelés, s'étend depuis le perron du portail jusqu'à la chapelle vénérée. L'église de Sainte-Geneviève, et Saint-Etienne du Mont recueillent successivement les flots de la même foule : tout ce qu'il y a de vrais chrétiens à Paris tient à venir prier en ces deux sanctuaires, remplis du souvenir de sainte Geneviève. Les places et rues adjacentes sont alors encombrées de marchands forains ; c'est fête, c'est joie populaire en ces jours bénis : la dévotion à la vierge de Nanterre est demeurée toujours aussi vivante au cœur de la population parisienne.

M. de Voisins n'avait pas pu donner à la chapelle de Sainte-Geneviève tout le lustre que demandait la présence d'un si saint tombeau. Cette œuvre était réservée à un de ses successeurs, animé comme lui du zèle sacerdotal le plus pur. M. l'abbé de Borie, curé de Saint-Etienne, commença en 1853 la décoration actuelle de la chapelle de Sainte-Geneviève. Il avait eu le bonheur de trouver pour le seconder un artiste d'une science consommée. Le R. P. Martin, de la Compagnie de Jésus, a laissé à la chapelle de Sainte-Geneviève de Saint-Etienne les plus belles inspirations de son âme. Le tombeau est recouvert d'un manteau d'orfèvrerie, admirablement exécuté, et par-dessus, d'un élégant ciborium où l'on voit d'un côté les vierges sages et folles de l'Evangile, et de l'autre, saint Siméon Stylite, qui du fond de la Thébaïde se recommandait aux prières de notre sainte. L'autel est du style du quatorzième siècle comme tout le reste de la chapelle, on y voit les saints contemporains de sainte Geneviève mêlés aux patrons de la France. Des deux côtés du tabernacle, deux anges, peints par Imlé, offrent à Notre-Seigneur Jésus-Christ la lampe de la virginité et l'encens de la prière. La statue de sainte Geneviève, au fond du rétable, a été copiée sur celle qu'on voit encore dans la sacristie du collége Henri IV, et qui était celle-là même qui était au portail de la vieille basilique. A ses pieds est une châsse d'un très-fin travail où sont renfermés trois reliquaires qui contiennent des reliques de la

Sainte (1). Le pavé du sanctuaire, la grille qui le sépare du reste de la chapelle, tout révèle le grand artiste, sa science du moyen-âge, l'achevé de son dessin, sa foi, son amour pour sainte Geneviève. Les vitraux racontent la vie de la Sainte. Puisse quelque généreux donateur en achever la série! La verrière du sanctuaire a été offerte par madame Demy-Doineau. Dans la boiserie latérale, on voit un ange qui soutient l'écusson des dames de l'Institut de Sainte-Geneviève, et plus loin dans deux vitrines quelques-uns des *ex-voto* plus précieux, avec l'indication des actes principaux de la translation du tombeau. En face de l'autel, un monument est élevé à la mémoire de Mgr Sibour : son cœur y est renfermé.

Outre la neuvaine de Sainte-Geneviève, deux fêtes de la Sainte se célèbrent encore à Saint-Etienne : celle de la translation du tombeau, le quatrième dimanche après Pâques ; celle de sainte Geneviève des Ardents qui tombe toujours le dernier dimanche de novembre, celui qui précède le premier de l'Avent.

(1) De ce que le corps de sainte Geneviève a été brûlé en place de Grève en 1793, il ne s'en suit pas que les reliques qui sont ici et toutes celles qu'on vénère dans d'autres églises de Paris et de France soient de fausses reliques, comme on l'a osé dire. Le procès-verbal de l'ouverture de la châsse, mentionnée au *Moniteur* du 3 et 4 frimaire, an II de la république (23 et 24 novembre 1793) déclare que le corps n'était pas entier. Des ossements avaient été distribués dans les temps précédents, à diverses églises et monastères.

Nous possédons trois reliquaires qui sont enfermés dans la châsse.

Le premier provient de l'abbaye de Chelles. Il contient un fragment d'ossements et une mèche des cheveux de la Sainte.

Le second reliquaire ; un ossement qui a été donné à M. Leclerc du Bradin, curé de Saint-Etienne, par Son Eminence le cardinal Caprara, le 11 août 1809.

Le troisième contient une autre parcelle d'ossements. Il est placé dans le piédestal d'une petite statue d'argent. C'est un ex-voto offert à l'occasion du choléra de 1832 par Son Eminence le cardinal Mathieu, archevêque de Besançon, lorsqu'il était curé de la Madeleine à Paris.

Ces trois reliquaires sont revêtus des authentiques de l'archevêché de Paris.

Paris. — E. DE SOYE et FILS, imprimeurs, place du Panthéon, 5.

www.ingramcontent.com/pod-product-compliance
Lightning Source LLC
LaVergne TN
LVHW010259230826
846091LV00007B/3060

* 9 7 8 2 0 1 9 9 7 2 7 0 7 *